Michael Schilling

Ich wollte nie erwachsen sein ...

mit Fotografien des Autors

Bibliografische Information der Deutschen Nationalbibliothek
Die Deutsche Nationalbibliothek verzeichnet diese Publikation in
der Deutschen Nationalbibliografie; detaillierte bibliografische
Daten sind im Internet über http://dnb.d-nb.de abrufbar.

Impressum
© 2007 Michael Schilling
Alle Rechte vorbehalten
Cover und Fotografien von Michael Schilling,
außer im Text anders benannt
Herstellung und Verlag: Books on Demand GmbH, Norderstedt
1. Auflage 2007

ISBN 978-3-837-00149-5

Danke ...

an Seine Heiligkeit, den 14. Dalai Lama
für die tiefe Inspiration,

an alle, die immer daran geglaubt haben,
dass es einmal soweit kommt,

an alle, die in irgendeiner Weise
an der Entstehung geholfen haben,

und natürlich

an Tine, Henrik und Lukas,
ohne deren Liebe dieses Buch niemals entstanden
wäre!

Inhalt

Danke für das Bild, Tine

Dimensionen – Lerne mich erst einmal kennen

Sich hinter die Fassade schauen zu lassen ist nicht einfach, bedeutet Preisgabe von Geheimnissen, die nicht jeder wissen soll, bedeutet Kratzen an der Oberfläche, sich endlich so weit zu öffnen, dass auch das Verletzliche und Zerbrechliche in uns ans Tageslicht kommt. Sich hinter die Brillengläser, die dunklen, vielleicht sogar verspiegelten, schauen zu lassen, bedeutet, wenigstens für meine Person, auch Mut zu haben: Was wird mein Gegenüber in mir entdecken, was wird die oder der Lesende in meinen Worten entdecken oder in sie hineinlesen, welches Urteil wird dann am Ende über mich gefällt werden, welcher Stab gebrochen!?
Hier ist mein Mut: Entdecke mich in meinen Worten, den geschriebenen, wenigstens in dieser Auswahl der letzten 20 Jahre, interpretiere, beurteile, lerne mich erst einmal kennen, mich, der eigentlich lieber nichts von sich erzählen will, denn hier habe ich einen Teil von mir aufgeschrieben. Lies sie, die Worte, und entscheide dann, ob du mich kennst (wobei ich für meinen Teil dies längst schon entschieden habe)!

Dimensionen

Entstanden aus Samen und Eizelle erschien die Welt mir am Anfang riesengroß, so vielleicht wie heute unseren Söhnen, wenn der eine mich bittet, vorzugehen und doch schon mal das Licht anzumachen, wenn er jeden Abend aufs Neue der ganzen Welt am Fenster „Gute Nacht" und „Tschüß bis morgen" sagt und dabei doch froh ist, für eine Nacht voll Ruhe endlich alles hinter sich lassen zu können. Oder wenn der andere seine Angst vor der Welt und vor dem Alleinsein aus Leibeskräften aus sich herausbrüllt und sich durch nichts und niemanden als die Geduld seiner Mutter beruhigen lassen will. Fremd erschien alles, eingehüllt in die Aura des Neuen, Unbekannten, nie hätte ich auch nur erahnen können, das dieses Unbekannte ja nur ein Bruchteil dessen war, was mich erwarten würde. Und nur langsam, ganz allmählich begann sich der Schleier zu lüften, kam Sicherheit in mein Leben.

Es kamen zunächst die Jahre, in denen alles klar zu sein schien, alles um mich her atmete Sicherheit, Geborgenheit, alles war mir bekannt und vertraut, selbst der Weg hinein in den wilden

Park, der der wohlvertraute Spielplatz meiner Kindheit war. Und doch, das Fremde war noch immer da, ausgeklammert zwar, es interessierte mich nicht, war in seiner Unerreichbarkeit mir völlig gleich, es zählten die Freunde, auch wenn es davon nicht viele gab, und der Weg zur Schule oder zum nächsten Freund bedeutete mir die Welt. Eingebettet in die Sicherheit dieser kleinen Welt, meines Elternhauses, meiner ersten Schulzeit, lebte ich abgekapselt, isoliert, in einer Welt, in der nichts zu mir dringen konnte, ohne es zu merken, war ich eingesperrt und doch in Watte gebettet.

Dann durchbrach ich, nach langen, viel zu langen Jahren, diese Isolation, stand, romantisch gesprochen, im Licht der aufgehenden Sonne und staunte mit blinzelnden Augen hinaus in die Welt, die sich jetzt wiederum mir auftat. Mit dem ersten selbstverdienten Geld in der Tasche schien mir nun kein noch so entlegener Winkel der Welt unerreichbar, entdeckerstolz und voller Abenteuerromantik stand ich am Ufer manchen fremden Landes und meinte mich dort heimisch zu fühlen, glaubte manches Mal, ins verloren geglaubte Paradies zurückgefunden zu haben. Palmenrauschen, Möwengeschrei und gelber Strand schien plötzlich erstrebenswerter als die Schwäbische Alb, mit dem Rucksack auf dem Rücken ein Fremder unter Fremden zu sein, dies Gefühl wurde mir ein Stück Lebenserfüllung.

Doch nach wenigen Reisen schon blendete die Sonne nicht mehr so stark, die ersten Ernüchterungen ließen natürlich nicht lange auf sich warten, kaum in der Ferne angekommen, den Rucksack gerade erst abgestellt, begann ich bald zu erkennen, dass dort zwar alles bunter, exotischer, vielleicht auch nördlicher, südlicher war, am Ende aber auch dort nur eine andere Schwäbische Alb, ein anderes Remstal, ein Stuttgart in anderem Licht, einer anderen Sonne auf mich wartete. Und ich begann, ungern und unter anfänglichem leisen Protest, zu spüren, dass die Fremde, so farbenschillernd sie mich auch zu locken schien, doch niemals mir Heimat werden könnte, dass ich Fremder in der Heimat anderer sein und auch bleiben würde. Wenig schien mir dann der Trost, ein neues Land nun mit neuen Augen, in einem anderen Licht kennen- und auch liebenlernen zu können, erst langsam, mit anfäng- lichem Widerwillen, konnte ich endlich ein Land, seine Bewohner, Landschaften, Eigenheiten als Fremder erkennen und aufnehmen.

Dann traf sie mich mit voller Macht, die kalte Zeit der Ernüchterungen: Nichts schien mir mehr, wie ich es mir einmal geträumt hatte, die Zukunft zu zweit, ... die große Liebe? Mit Schrecken war eine Zeit zu Ende gegangen, die erst mit dem Abstand von Jahren als selten schön von mir erkannt worden war und als ein jahrelanger Fehler!

Die Welt?! Ein halbzerstörter Planet, auf dem nichts mehr so schien, wie in den Jahren zuvor, längst nicht mehr zu retten, keine Anstrengung mehr wert!

Die Menschen? Selbstsüchtig, gefühllos, gefangen und kontrolliert von ihren eigenen Zwängen und einer Gesellschaft, die jedes Individuum ins Korsett der Massen zu zwängen vermag. Die Gefühle und der Zusammenhalt der letzten Schuljahre, die vermeintliche, nie endende Gemeinschaft entpuppte sich schließlich doch nur als - längst geahnte - Illusion!

Das Leben? Wofür überhaupt und mit welchem Ziel, kein Sinn schien in dieser Zeit mehr zu passen, niemand war mehr da, der mir einen Halt geben, einen Weg weisen konnte. Ein neues, noch nie gekanntes Gefühl machte sich in mir so breit, dass nichts anderes mehr daneben bestehen konnte: Ausgenutzt, abgebrannt, weggeworfen, hoffnungslos!

Und schließlich, als für mich alles ein Ende zu nehmen schien und ich mit Schrecken erkannte, dass selbst das Lebensende eine annehmbare Möglichkeit war, überstürzten sich die Ereignisse und innerhalb weniger Tage, Stunden, Minuten, wurde ich neu geboren, bekam eine neue Chance, einen zweiten Anfang! Und dabei war es keine Erleuchtung, keine Welt, kein großes Ereignis stieß mich zurück ins Leben; eine einzige kleine Person nahm kurzerhand mein Leben in ihre Hände, schüttelte mich kräftig durch und nichts, aber auch gar nichts war danach mehr wie zuvor: Dimensionen schienen zu verschwimmen, sich miteinander zu vereinen, klein und groß waren bedeutungslos, gehörten zusammen, selbst die Zeit schien stillzustehen, Vergangenheit existierte nicht mehr und die Zukunft war längst da!
Aus dieser Vereinigung, dieser neuen Liebe heraus entstand eine weitere Dimension, ein Glaube begann zu wachsen, eine Philosophie, ein Mann trat mit dieser neuen Chance in mein Leben, zeigte mir eine neue Art zu leben und eine Möglichkeit, meinem Leben einen weiteren Sinn zu geben!

Entstanden aus Samen und Eizelle wuchs unser gemeinsames Leben hinein in eine Welt, die uns plötzlich weit offen stand, doch dieses Mal gab es keine Illusionen mehr, die Möglichkeiten, die sich uns eröffneten, waren Traum und Wirklichkeit zugleich, waren Realität geworden durch unsere Liebe und durch unsere Kinder, durch unser gemeinsames Leben. Es gab und gibt eine Zukunft, mit der wir leben werden, auf die wir uns gemeinsam freuen und auf die wir gespannt sind, die uns viel zu geben hat und in die sich doch niemals wieder Ernüchterung mischen kann!

Der Kreis ist geschlossen, doch jetzt ist aus der anfänglichen, kindlichen Geborgenheit eine solche geworden, die wir uns selbst und unseren Kindern geben und die Klarheit und die Sicherheit bedeutet nicht mehr: Eingesperrt sein!

(Vollmond über Torrelles)

Nacht – Eine Welt voller Ruhe

Die Nacht hat auf mich schon immer eine ganz besondere Faszination, einen eigentümlichen Zauber ausgeübt. Es ist ein tiefgehendes und ganz besonderes Erlebnis, durch die Dunkelheit zu laufen, zu erleben, wie am Abend die Farben immer mehr verschwinden und alles um mich her einen grauen und immer dunkleren Farbton annimmt, bis schließlich schwarz die alles beherrschende Farbe geworden ist. Das Wunder der Übergänge ist von Tag zu Nacht und von Nacht wieder hin zu Tag deutlicher, erlebnisreicher, die Übergänge sind erfahrbarer als irgendeine Veränderung am Tag es je sein kann. In der Nacht leben ganz andere Gedanken, neue Ideen, fremde Geräusche, unbekannte Gerüche, kurz, die Nacht nur zum Schlafen zu nutzen, wäre eine reine Verschwendung kostbarer Minuten und Stunden, die erlebt und beschrieben werden wollen.

In den Augenblicken der Dämmerung

In den Augenblicken der Dämmerung
hält die Welt um uns die Luft an
die Zeit steht still, kein Wind weht
in den Augenblicken der Dämmerung
verabschiedet sich der helle Tag
lauert die Nacht hinter dunklen Bäumen

In den Momenten des fliehenden Tages
verharrt die Erde in Bewegungslosigkeit
lange Schatten kriechen über das Gras
in den Momenten des fliehenden Tages
übernimmt die Dunkelheit alles Leben
Nacht breitet weit ihr schwarzes Tuch

Die Welt ändert ihr Angesicht, schwarz glänzt
der Himmel
Sterne funkeln diamantengleich, Stille liegt in der
Luft während
die Farben des Tages schon in das Dunkle hinein
vergrauen
die Welt ändert ihr Angesicht, gewinnt neue,
ängstliche
sparsame und geheimnisvolle Schönheit in den
Stunden

in denen die Nachtfeuchte heraufzieht, langsam Trockenheit
und Wärme der Sonne zurückdrängt, Winkel durchdringt

In den Augenblicken der Dämmerung
ahnt die Welt die Veränderung, wartet
zittert leise vor ängstlicher Erwartung
in den Augenblicken der Dämmerung
beginnt neues Leben, eine andere Zeit
bricht an in der Welt, auf der Erde

Reise durch die Nacht

Während der Mond tiefrot sich über die
schwarzen Berge erhebt
verklingen langsam in der Abendluft die letzten
Geräusche
während die Himmelsfarbe sich von blau zu grau
wandelt
beginnt die Welt ihre geheimnisvolle Reise durch
die Nacht

Der Tag verabschiedet sich mit dem letzten
Windhauch
der die Hitze doch nur langsam aus den Gärten
vertreibt
nur wenige Vögel, die dem Nachtlager träge
entgegeneilen
nur selten noch ein Kind, von der Mutter längst
heimgerufen

Die Nacht schiebt langsam die Dunkelheit über die
Felder
ein erster Stern, fast unbemerkt erschienen, am
Firmament
schwarze Schatten werden länger, verbergen das
Grün

geben Tier und Pflanze Geborgenheit für ein paar
Stunden

Während das Leben des Tages sich langsam
verabschiedet
und für Stunden nun sich zu Ruhe und Schlaf legen
muss
beginnt für das Leben der Nacht die Zeit des
Erwachens
und die Momente des Suchens und Findens
brechen an.

Die ersten Laute durchbrechen die Stille zwischen
den Zeiten
die ersten Nachttiere erwachen, erheben sich,
machen sich auf
die Dunkelheit zu erfüllen und der Nacht Leben
einzuhauchen
Tod zu geben und dem Wechsel der Zeiten einen
Sinn.

Viel wird in dieser Nacht geschehen, von dem wir,
gewohnt an Tag und Licht und Helligkeit, nicht
auch nur das Geringste ahnen, Momente des
Glücks und ganze Tragödien werden in der Dunkel-
heit, verborgen vor unseren Augen, sich abspielen.

Von manchem sehen wir am nächsten Morgen die Reste, können vermuten, was vielleicht geschehen ist, von den meisten Dingen, Geschehnissen, Geheimnissen, werden wir niemals auch nur einen Hauch erfahren, wird nichts an unsere Augen und Ohren dringen. Da nützt uns auch unsere ganze Neugierde nichts, unser Drang danach, immer alles zu wissen, auf dem neuesten Stand zu sein, immer wird es in der Nacht etwas geben, was uns verborgen bleibt.

Eine Reise durch die Nacht kann für uns nur Flickwerk sein, sie in ihrer Gesamtheit zu erfahren, sind wir am Ende doch gänzlich unfähig, wir haben nie gelernt, durch die Finsternis zu blicken und es war uns noch nie vergönnt, am geheimnisvollen Leben der Nacht teilzuhaben. Nur wenige sind annähernd in der Lage, zu empfinden, was die Nacht an großen, bedeutenden Gefühlen für uns bereithält, doch wer kann von sich schon behaupten, er hätte mehr als einen lauen Windhauch dieser Gefühle zu verspüren gemocht.

Alles liegt im Dunkeln um mich herum, mein kleines
Licht
gibt mir das Gefühl einer Insel, doch keiner
Geborgenheit
das Gefühl der Einsamkeit macht sich allmählich in
mir breit
inmitten all diesen Lebens rings umher stimmt es
mich traurig

Die Insel ist gerade so weit wie der Rand des
Kerzenscheins
dahinter breitet sich das geheimnisvolle
unbekannte Dunkel
alles liegt meinen Augen verborgen, nur die
Fantasie
kann der Finsternis ein angsterfüllendes Leben
einhauchen

Das Funkeln der Sterne hoch über mir könnte den
Weg weisen
und das Zirpen der Grillen geheimnisvoll Worte
mir flüstern
doch das eine kann ich nicht sehen, das andere
nicht verstehen
und so bleibt die Welt mir fremd in dieser dunklen
Nacht

Selbst der Mond steht weißgelb verschleiert
niedrig am Himmel
und hüllt sich ein, verweigert sich mir, meinen
drängenden Fragen
überall um mich herum huscht und raschelt jetzt
die Natur
doch außer ein paar gaukelnden Faltern bleibt alles
im Verborgenen

So wie die Nacht sich in der Dunkelheit verbirgt, so erscheinen mir auch meine eigenen Gedanken ... so oder so ähnlich hätte ich vor Jahren noch geschrieben, doch damit würde ich heute lügen, denn diese Dunkelheit, oder nennen wir sie lieber Unsicherheit oder Ungewissheit, die gibt es heute nicht! Ich denke oft, dass ich dem Verständnis der Geheimnisse der Nacht früher sicherlich näher gewesen bin als heute, doch um welchen Preis? War ich damals, zur Zeit der einsamen Spaziergänge durch Wald und Flur, der durch-wachten Nächte unter blühenden Frühlings-bäumen, glücklich? Sicher, ich habe sie genossen und vermisse sie natürlich auch heute, diese Wanderungen in der Natur, doch die gleichzeitige Gewissheit, in eine leere, kalte Wohnung zurück zu kommen, mich in ein leeres Bett zu legen, eine unerfüllte Beziehung weiter zu leben, diese Gewissheit war mir immer und ständig auch ein Wermutstropfen auf diesen Wanderungen.

Finster ist es nun geworden in der Runde um mich
her
ich sitze allein mit meinen Gedanken, dem Stück
Papier
blicke hinaus in die Dunkelheit dieser
Sommernacht
und ahne in der Schwärze neue unbekannte
Gedanken

Vielleicht bin ich dieser Nacht doch näher, als ich
glaubte
zumindest dieser einen, die fast zu mir zu
sprechen scheint
und mich auf eine Reise zu mir selbst, in mich,
entsendet
mir andere Einblicke in mich selbst schenkt und
ermöglicht

Woher nimmt nur die Nacht diese Kräfte, diese
Fähigkeiten
tief in mir diese unbekannten Gedanken zum
Klingen zu bringen

sie in meiner Wahrnehmung zu manifestieren und
zu verankern
es ist wie ein Austausch der Gedanken, stummes
Gespräch

das mich gefangen hält und mich neuen Ufern
entgegen sendet
die Grenzen der Nacht missachten und
überschreiten lässt
mich jetzt neuen Welten, neuen Stufen ganz sanft
zuführt
die Nacht deckt einen Mantel über die
Vergangenheit

Mit tiefem Erstaunen und Verwunderung erkenne
ich nun
wohin mich diese Nacht ganz langsam und sacht
führen will
welche Gedanken sie allmählich in mir zum Klingen
bringt
und welche Gefühle und Regungen sie wachrufen
kann

Und doch will ich diese Vergangenheit, an die ich
in diesen Minuten denke und die einst so bedeu-
tend war, nicht verteufeln oder als unnütz verlo-

rene Zeit abtun, es war ein Teil meines Lebens, wie es bis dorthin verlaufen ist, vielleicht geplant, vorherbestimmt, ich weiß es nicht, aber sicherlich von mir auch selbst so gewollt, mit all dem, was ich bis zu diesem Zeitpunkt gewusst und erfahren habe und natürlich sicherlich aus meiner damaligen Sicht auch schön. Unvergessen bleiben die vielen Reisen, die fremden Länder, unvergessen aber auch die Tränen, vergossen in all den Nächten voller Zweifel und Sorgen um eine Beziehung, die unmöglich war und doch so lange hielt. Wenn ich allerdings heute zurückblicke, sehe ich vieles anders, mit anderen, vielleicht weiseren Augen, natürlich, ich war jünger damals, zwar in Jahren nicht so sehr, aber doch, unerfahren insoweit, als mir die großen, die bedeutenden und bewegenden Erfahrungen einfach noch gefehlt haben:

Es gab keine Liebe, wie ich sie heute liebe und es gab auch keine Kinder in meinem Leben, keinen unruhigen Ruhepol wie die beiden, die heute einen Großteil meines Lebens bestimmen.

Die Welt erwacht

Leise piepst ein erster Vogel
verschlafen in das erste Grau
ein Zweiter von der gleichen Art
gibt, erwacht, müde ihm Antwort
dazwischen ein neuer Ruf
anders, eintönig, ganz sanft

Natur kennt keine Schnelligkeit
an diesem frühen Morgen
alles gleitet sanft in den Tag
der hinter dem Berg wartet
um seine Rolle in diesem Spiel
noch nicht so genau weiß

Aus dreien wird ein lauter Chor
lauter, fröhlicher, fordernder
alle Trübsal der Nacht vergessend
in das Helle hinein zu wachsen
und Gedanken voller Traurigkeit
in der Nacht zurück zu lassen

Im Wolkengrau erste rosa Lücken
künden nun: Hier ist der neue Tag
in seiner ewig alten neuen Rolle
lasst uns die Welt neu erschaffen
in Ruhe, Frieden und in Schönheit
in den ersten Minuten des Tages

Der Mond schaut durchs Fenster

Der Mond schaut durchs Fenster
und wundert sich hell und stumm
„wie, schon wieder mal wach?"
und fragt nach meinen Gedanken
warum der Schlaf nicht kommen will
trotz der müden, schweren Augen

Schwer ... ja, müde ... vielleicht
und doch kann ich nicht schlafen
spielen wieder einmal Gedanken
grausames Spiel in meinem Kopf:
Sie jagen einander hin und her
wechseln die Richtung, das Thema
jagen hierhin und rasen dorthin
zucken wie Blitze mir durchs Hirn
immer genau in dem Moment
wenn Schlaf sich wieder meldet

Der Mond schaut durchs Fenster
und wirkt ein wenig ungehalten
„was soll denn das Gejammer?"
und fragt nach meinen Gedanken
warum der Schlaf nicht kommen will
trotz des Glücks an meiner Seite

Glück ... ja, glücklich ... fast immer
und doch kann ich nicht schlafen
mischt mir jeder neue Gedanke
wieder einen neuen Sorgencocktail
lässt mich an die Zukunft denken
schreckt mich mit den Kindersorgen
lähmt mich neu der Alptraumschreck
wie kann das sein, wo kommt das her
Hilflosigkeit treibt Tränen in die Augen
immer wieder und wieder die Angst
was ist das nur, was können wir tun

Der Mond schaut durchs Fenster
und scheint jetzt stumm zu nicken
„ich erkenne jetzt deine Sorgen!"
und traurig wendet er sich und geht
auch er am Ende nur noch ratlos
wandert er weiter hinter den Berg

Allein ... wieder, einsam ... niemals
und doch kann ich nicht schlafen
ich weiß dich hier an meiner Seite
du teilst jeden Tag wieder aufs Neue
mit mir all die Sorgen, alle Ängste
dir kann ich sie anvertrauen, immer
du gibst mir den Halt und neue Kraft
den neuen Tag wieder zu beginnen

doch ... in der Nacht liege ich allein
finde Trost darin, dass du jetzt schläfst
weiß dich geborgen in deinen Träumen
und drehe mich auf die andere Seite
jage einem neuen Gedanken hinterher
versuche vergeblich, ihn wegzusperren
versuche vergeblich, Schlaf zu finden
der ist gegangen, schon vor Stunden
und hat mich wieder hier vergessen

(Palme im Botanischen Garten von Barcelona)

Natur – Das Zauberwesen

Es erschreckt mich immer wieder, jeden Tag neu zu erleben, besonders auch, seit ich hier in Spanien lebe, wie viele Menschen ihr Leben *mit* der Natur verloren haben ... und damit auch arm und bedauernswert geworden sind. Meine Wanderungen und Reisen haben im Umgang und im Zusammenleben mit der Natur tiefe Eindrücke und die Fähigkeit in mir hinterlassen und ausgeprägt, in die Natur mit all ihren Wundern hinein zu träumen. Mich von ihr verzaubern zu lassen und den Zauber zu leben, ist etwas ganz Besonderes. Ich bin darüber sehr glücklich, weil ich weiß, dass diese eine Fähigkeit inzwischen etwas Besonderes geworden ist.

Heute lerne ich oft genug von meinen Kindern: „Papa, schau mal ..." ist meistens etwas Kleines, Unbedeutendes, was wohl die meisten Erwachsenen, einschließlich meiner selbst, übersehen hätten, was mir aber meine Kinder unermüdlich und immer wieder aufs Neue als das „jetzt gerade Allerwichtigste auf der Welt ... und so schön!" stolz präsentieren. Und die Tatsache, dass auch meine Kinder stundenlang den Ameisen zusehen oder den Bach hinunterträumen können, zeigt mir, dass wir da mit Sicherheit etwas richtig gemacht haben.

Natur ist etwas Wertvolles, was uns Menschen so tief inspirieren kann und was unser Leben so sehr bereichert, gleichzeitig ist Natur aber auch etwas, was wir Tag für Tag, Stunde für Stunde mehr verlieren. Gegen diesen Verlust anzukämpfen ist allein schon ein Lebensziel!

Der Mond ist aufgegangen

Der Mond ist aufgegangen
und schickt sein elfenbeinfarbenes Licht
zur Erde hinunter
die Zeit steht still
in diesen Augenblicken
in denen am Horizont
die Sonne sich mit letztem
orangesilbernem Schein verabschiedet

Der Mensch ist klein
in diesen Momenten
unscheinbar, unbedeutend
was auch immer vorher
noch gewesen sein mag
verkommt nun zur
Bedeutungslosigkeit

Der Mond ist aufgegangen
taucht die Welt in sein ruhiges Licht
lässt vieles vergessen
erhellt andere, neue Gedanken
alles erscheint friedlich, still

kaum noch will das eigene Herz schlagen
alle Sorgen, alle Nöte scheinen vergessen
wenn die Zeit still steht
in diesen Augenblicken
zwischen Tag und Nacht

Spaziergang im Winter

Hell scheint die Sonne auf den Nebel im Tal
das dunkel und verborgen unter mir liegt
die Spitzen der Bäume der einzige Hinweis
das ein "Unten" überhaupt noch existiert

der Frost der Nacht
hat die Luft gefrieren lassen
zu Nadeln und Kristallen
die in der Sonne funkeln
die Welt verzaubern
und freundlicher machen

langsam steigt der Nebel herauf aus dem Tal
verschlingt die Sonne, bringt neue Kälte
macht Bäume nur noch zu Schattenumrissen
so dass der Weg zurück angesagt ist

der Frost des Tages
steigt langsam in die Stiefel
in die Zehenspitzen
das Feuer im Kamin lässt
die Schritte schneller werden
zurück zum Haus, zum Heim

Ein Morgen im Wald

Ein Morgen im Wald
die Strahlen der Sonne
werfen noch verschwommene Schatten
brechen noch schräg
durch schlaftrunkene Wipfel

Nebeldunst einer Nacht
die fröstelnd vergangen
gewichen ist der ersten Dämmerung
während noch der Tau
Zweige herunterzieht

Dort ein erster Vogel
ein letztes Eichhörnchen
wollen den jungen Tag schon grüßen
doch der ist noch müde
und die Luft schmeckt süß

Bevor der Tag beginnt

Nebel liegt noch still über den Wiesen
still liegen auch die Wälder, alles schläft
einsam huscht ein letzter Fuchs ins Gebüsch
und ein erster Vogel erhebt seine Stimme
Frieden liegt noch über der Welt
ausgebreitet wie ein großes warmes Tuch
die Zeit scheint noch still zu halten
in diesen wenigen Augenblicken
bevor der Tag beginnt

Land der Ruhe

Wo die Seen silbern glitzern
und die Wälder leise rauschen
wo der Himmel dunkel blaut

Wo der Steg ganz leise schaukelt
und die Birken leise zittern
wo die Nächte nie ganz dunkeln

Wo die Fenster des Nachts leuchten
und die Glut noch Wärme strahlt
wo die Stille leise flüstert ...

Der weiße Schmetterling

Ein Schmetterling steht am Himmel
ganz weißes Wolkengespinst
vor dem hellen Blau
der weiten Unendlichkeit

Die Welt hält still für eine Minute
kein Wagen fährt, alles ist ruhig
und nur weit in der Ferne
singt ein Vogel sein Abendlied

Doch schon ist die Minute vorbei
der Schmetterling schon längst verweht
ein Flugzeug zieht hoch oben seine Bahn
einen Strich durch den Himmel
und es hat keine so zarten Flügel

Die Wagen fahren jetzt wieder
Menschenlärm dringt wieder zu mir
doch tief in meinem Inneren habe ich
in dieser einen, kurzen Minute
endlich die Stille wieder gefunden

Tropennacht

Alles liegt ruhig und wartet
nur draußen die Brandung brüllt
ihr Tosen klingt fern herüber
die Sonne hat sich längst versteckt
hinter grau ziehenden Wolken

Alles liegt ruhig und wartet
der Wind ist leise eingeschlafen
selbst die Vögel singen nicht mehr
die ersten Tropfen fallen klatschend
auf das Vordach des Hauses

Jetzt stürmt der Regen hinunter
die ganze Welt verschwimmt in Grau
Sturzbäche fließen vom Dach herunter
plätschernd auf Palmen und Erde
als kleine Seen auf den Wegen

Alles liegt längst wieder ruhig
Regen ist wieder Vergangenheit
und hell brechen hinter dem Berg
die ersten Strahlen der Sonne hervor
tauchen die Insel in neues Licht

Es regnet

Ein Schleier aus Traurigkeit liegt über der Welt
seit Tagen schon trägt sie das gleiche Antlitz
grau und trübsinnig zeigt sie gequält ihr Gesicht

Bäche regnenden Wassers rinnen ins Tal
gleich Tränen über ein verbrauchtes Gesicht
durch tiefe Furchen und Falten des Alters

Die überquellende Unförmigkeit der Wolken
beleidigt blauversteckten Himmel, gelb
zieht im Verborgenen die Sonne ihre Bahn

Die Welt wartet auf Erlösung, Helligkeit, Wärme
Pflanzen wollen empor, blühen, Farben zeigen
Gedanken liegen und warten auf das Regenende

Frühherbst

Blätter wechseln ihr Hemd
Luft trägt süßen Geschmack
Morgen bringt weißen Nebel, der
sich in der Sonne bald verliert

Sonnesitzen, Wärme im Nacken
warme, dunkle Stimme singt Blues
Vögel antworten in Herbstbäumen, die
langsam den Sommer verlieren

Stille blaut als Himmel oben
Ruhe durchzieht eigenes Herz
frühherbstliche Wind tragen Samen, die
hellbraun leicht hinabsegeln

Wintertag

Sanft, in dicken schweren Flocken
schneit es für lange kalte Minuten
nur damit wenig später dann hell
die Sonne ins Zimmer hinein scheint
und ein kräftiger Wind wirbelnd
die weiße Pracht wieder vertreibt

Dunkel, schnell und schwer beladen
ziehen die Wolken hoch am Himmel
doch schon zeigt sich erstes Blau
strahlend und voller kalter Helligkeit
und die Strahlen der Wintersonne
lassen jede Trübsal schmelzen

Eisig, tief verschneit liegen die Wege
kaum lässt sich ihr Lauf noch ahnen
hinein in den Wald, hinaus aufs Feld
durch Schneeschauer und Sonnenschein
und die Welt ist gehüllt ins weiße Tuch
das alles mit Kälte und Schönheit deckt

(aufgegebene Einsiedelei auf dem Montserrat bei Barcelona)

Aus alten Zeiten – Alte Gedanken

Die Mehrzahl der Gedichte in diesem Buch sind nicht älter als – sagen wir mal – ungefähr vier oder fünf Jahre. Manche sind aus diesem Jahr und wenige nur extra für dieses Buch entstanden. Die folgenden Gedichte sind älter, teilweise bis zu 20 Jahre alt, trotzdem sind sie – manchmal wundere ich mich selbst – noch nicht zerfallen wie die Einsiedelei auf der vorigen Seite auf dem Montserrat. Gibt es überhaupt ein Verfallsdatum für Gedichte?
Ich möchte darüber lieber nicht urteilen und muss trotzdem manches Mal leise lächeln, wenn ich „Worte aus meiner Jugend" lese. Oder aber ... die Stille wieder einmal geschwisterlich grüßend – sind das wirklich meine Worte?! Habe das wirklich ich geschrieben?

Frieden kommt

Frieden kommt auf leisen Sohlen
verhalten, schüchtern, eben ... friedlich
nicht laut in den Konferenzen dieser Welt
in denen fette, selbstverliebte Politiker
die Welt wieder unter sich aufteilen

Frieden kommt auf leisen Sohlen
zurückhaltend, oft noch unbemerkt
mit einem leisen Lächeln im Gesicht
Hand in Hand mit den Kindern der Erde
mit jedem Spiel, mit jedem Gesang

Frieden kommt auf leisen Sohlen
allein, versteckt und angeschlichen
kann nicht verordnet werden von ganz oben
wächst wie eine kleine, junge Pflanze
muss gehegt, gelebt werden, Tag für Tag

Frieden kommt auf leisen Sohlen
verhalten, schüchtern, eben ... friedlich
und eines Tages werden es alle sehen
der letzte Betonkopf es verstehen
Frieden kommt ... auf leisen Sohlen

Meergesang

Das Meer ist gegangen
der Strand liegt nun frei
eine zurückgelassene Qualle
ein paar Muscheln liegen hier
sonst ist nichts geblieben

Doch weit draußen in der Ferne
sammelt das Wasser sich
und türmt sich hoch empor
lauscht den alten Geschichten
die der Meergott erzählt

Alle sind dort versammelt
vereint lauschen Tier und Pflanze
gemeinsam mit Fabelwesen
die nie ein Mensch gesehen
den uralten wilden Gesängen

Einen leisen Widerhall
und doch bald verklingend
erahne ich in jeder Welle
ausgeschlossen sind wir Menschen
von dieser alten, ewigen Musik

Stille und ich

Stille und ich, wir sind Geschwister
mit den Jahren erwachsen geworden, vereint
Stille gab mir Frieden, die Geborgenheit
ich lohnte es ihr mit all den Worten, ungesagt

Stille und ich, wir sind Freunde
in dem, was wir erleben, gemeinsam
Stille half mir oft durch das Leben
ich gab ihr dafür ein Heim, in mir

Stille und ich, wir gehören zusammen
durch die Welt wandern wir, vereint
doch erst wenn meine Zeit gekommen ist
werde ich ein Teil sein von ihr, still

Der Zauberwald

Es geht gegen Abend, der Himmel klart auf
mit einem letzten, schon fernen Donnergrollen
verabschiedet sich hinterm Berg das Unwetter
die Straße dampft, es ist still geworden ringsum
alles feucht, die Geburtsstunde der Natur beginnt

Da plötzlich, aus dem Nichts, erscheint er vor mir:
Geheimnisvoll, still und doch wunderbar schön
in einem Meer aus weißem Nebel die Bäume
nur die höchsten Spitzen schauen oben heraus
so bietet sich der Zauberwald meinem Blick

Kein Tier, kein Vogel singt jetzt mehr sein Lied
gebannt lauscht die Natur, ich lausche mit
wie verzaubert sehe ich hinüber zum Waldesrand
erahne in jedem Schatten, hinter jedem Stamm
einen Gnom, ein Einhorn, ein Fabelwesen

In jedem Tal, in dem der Nebel so tief hängt
als wäre er ein See aus schneeweißer, weicher
Watte
müssen doch die Wesen meiner Träume wohnen
die zarten Elfen und all die zauberhaften Wesen

in diesem Wald, dieser Welt, muss ihre Heimat
sein

Doch der Traum verfliegt und ich muss weiter
die Dunkelheit kriecht langsam schon ins Tal
hinein
und mein Weg ist noch weit, doch nie so weit
dass ich nicht doch zurückkehren kann in diese
Welt
und vielleicht eines Tages für immer dorthin gehe
...

... in den Zauberwald, dorthin, auf jene Lichtung
auf der all die Fabelwesen nur auf mich allein
warten
sie grüßen mich „Freund", endlich lebe ich im
Traum
gemeinsam wandern wir durch den Wald, unsere
Welt
verschwinden in diesem Traum, der niemals
Realität war ...

Im Dunkeln sah ich ein Bild

Im Dunkeln sah ich ein Bild
wusste nicht woher, sah es nur
eine Gestalt in diesem Bild
schien mir zuzuwinken, zu wollen
dass ich zu ihr hineinkomme

Wieder schien sie mir zu winken
doch ich ging nicht, hatte Angst
vor dieser Gestalt in der Ferne
die ich nicht kannte, und doch ...
sie war mir seltsam wohlvertraut
fordernder wurden ihre Gesten
„komm hinein, komm zu mir"
winkte sie zu mir herüber
begann immer stärker zu drängen

Gebannt blickte ich in das Bild
sah die Gestalt sich umdrehen
„Nein", rief ich, „bleib doch noch"
sie hob noch einmal den Arm
als wollte sie „Lebewohl" sagen

Nichts hielt mich jetzt mehr
hinein stürzte ich in die Welt
suchte das Wesen zu erreichen
hielt es an der Schulter, drehte es
und stand ... vor mir selbst!

So rot fließt der Wein

So rot fließt der Wein
mir die Kehle runter
so schnell rinnt das Leben
mir zwischen den Fingern weg
schnell einen Kuss gib mir noch
morgen mag es schon zu spät sein
doch heute ist der Tag, der zählt

So hell scheint der Mond
hoch oben dort am Himmel
so hell leuchten die Sterne
am grenzenlosen Firmament
den Becher halte ich in der Hand
komm, lass uns jetzt anstoßen
und hochleben soll die ganze Welt

So groß ist meine Liebe
die ich fühle für dich allein
so schnell kann sie vergehen
wir kennen einander nicht mehr
drum lass uns doch heute leben
und noch eine Flasche jetzt leeren

So rot fließt der Wein
lustig mir die Kehle runter
so schnell rinnt das Leben
mir zwischen den Fingern weg
schnell einen Kuss gib mir noch
morgen mag es schon zu spät sein
doch heute ist der Tag, der zählt

Der Tod als Saufkumpan

Es ist zu spät
die Uhr längst
schon abgelaufen

die letzten Worte sind geschrieben
und nur ein Becher Wein steht noch
wartet einsam darauf, geleert zu werden

Es ist zu spät
die letzten Stunden
längst schon angebrochen

die letzte Liebe ist verlassen
und das letzte Leben gelebt
es bleibt nur noch der Wein

Es ist zu spät
jetzt noch einmal
an Umkehr zu denken

drum greif nur ruhig zum Wein
und lass ihn dir in Ruhe schmecken
dann gehen wir gemeinsam hinaus

... in eine andere Welt

Chinesisches Weinlied

So weiß
blüht der Apfelbaum
so rot
fließt der Wein

So rasch
springt der Bach
so geschwinde
rinnt das Leben
mir durch die Finger

So viele Blätter
vom Apfelbaume fallen
so viele Becher
will ich noch leeren
so viel Wasser
das Tal hinunter springt
so viel Wein
soll fließen durch meine Kehle

Baustelle bei Barcelona

Protest – Leider nie laut genug

Mein, leider viel zu früh verstorbener, Französisch-Lehrer hat einmal, etliche Jahre nach dem Abitur, mir in einer stillen Stunde eingestanden, er habe mich erst durch meine Artikel in der Schülerzeitung kennen gelernt und richtig wahrgenommen, der stille Junge dahinten in der letzten Reihe sei ihm im Unterricht nie so richtig aufgefallen!

Daran hat sich bis heute wenig geändert: Ich bin immer noch – vielleicht zu - leise (oder wenn, dann doch gleich viel zu laut, zu explosiv) mit meinem Protest, ich bin zwar auch in Mutlangen vor dem Pershing-Depot gesessen und manche Ostern mitmarschiert, trage aber doch meinen Ärger lieber auf weißem Papier vor mir her.

Damit entgehe ich regelmäßig der Gefahr, in Wut und Zorn und Entrüstung manchmal zu beleidigend zu werden, besonders dann, wenn mein „ganz besonderer" Freund wieder einmal versucht, der Welt seinen Willen aufzuzwingen.

Ich kann nicht immer nur Liebeslieder schreiben

Ich kann nicht immer nur
Liebeslieder schreiben
an manchen Tagen ist es zu grau
und kalt in meinem Herzen
und die Welt zeigt sich wieder
von ihrer dunkelsten Seite

Ich kann nicht immer nur
romantische Worte schreiben
manchmal muss anderes heraus
und klingt es auch noch so kalt
und liest es sich noch so hart
die Realität liegt immer und lauert

Ich kann nicht immer nur
optimistische Gedanken haben
trotz aller Träume vom Guten
gibt es noch soviel Schlechtes
gibt es noch soviel böse Menschen
die ich nicht verschweigen kann

Die Uhr läuft anders in F.

Die Uhr läuft anders in F.!
Sie wurde gestern abmontiert
die Zeit vergeht nicht mehr
das Symbol für Fortschritt
hat keine Stimme mehr
im Dorf F.

Die Welt dreht sich anders in F.!
Die Sonne dreht sich langsam
um die Scheibe, über deren Rand
niemand hinaussehen will
man könnte ja die Welt entdecken
im Dorf F.

Die Menschen leben anders in F.!
Sie buckeln wie vor Jahrhunderten
vor Pfarrer und Schulmeisterlein
vergessen sich dabei selbst
vor lauter Obrigkeitsfurcht
im Dorf F.

Trümmerhaufen

Die Welt ist ein Trümmerhaufen
und all unsere Werbesendungen
können darüber längst nicht mehr
mit bunten Farben hinwegtäuschen
die Welt ist aus den Fugen geraten
und keine noch so schöne Politikerrede
kann dem, der hindurchsehen kann
noch Sand in die Augen streuen

Die Erde liegt längst im Sterben
und die wohlmeinenden Versuche
sind doch schon lange nicht mehr
als ein Tropfen auf den heißen Stein
die Erde verzeiht die Fehler nicht
und jede kleine Wiedergutmachung
ist am letzten Ende doch nicht mehr
als ruhiges Gewissen in den Tod

Lügen ins Gesicht der Welt

(nach einer Pressekonferenz von Frau Rice)

Leise verklingt das letzte Geräusch im Saal
und einer Statthalterin gleich tritt sie ans Pult
alle Augen auf sie allein gerichtet, alle lauschen
Menschen, Kameras, Mikrofone, die Welt
hängt ehrfürchtig gebannt an ihren Lippen:

„Der Präsident ist der letzte, der einen Krieg will!"

und in meinen Träumen sehe ich alle aufstehen
ihr laut lachend nur ein Wort ... „Lüge" zurufend
gehen die Menschen, ich öffne meine Augen und ...
sehe die Kriegstreiber weiter lügen, mitten hinein
in das Gesicht einer ganzen Welt!

Fanatismus

Der Fanatismus macht keinen Unterschied
ob du weiß bist oder schwarz, arm oder reich
ob du in West oder Ost, Süd oder Nord lebst
welche Religion du dein eigen nennst

Der Fanatismus macht keinen Unterschied
er tötet dich auf vielerlei Arten, an vielen Orten
er tötet mit Worten oder mit Missachtung
er tötet mit Panzern und Gewehren

Der Fanatismus macht keinen Unterschied
du siehst ihn in den brennenden Fahnen
du erkennst ihn im Anzug, mit Krawatte
predigt er den Hass in die Welt

Der Fanatismus macht keinen Unterschied
er schillert in allen möglichen Farben
er überzieht unsere ganze blaue Welt
erreicht auch den letzten Winkel

Die Menschen sind krank

Alles scheint verloren, was einmal wichtig
was uns einmal selbstverständlich erschien
der Glaube an das Gute im Menschen, weg
wo soll er denn noch sein, wenn die einen
ihre Gefangenen foltern und vergewaltigen
und die anderen vor laufender Kamera
ihren Geiseln den Kopf abschlagen

Alles ist verloren in einer Welt, in der selbst
das Protestgeschrei der Öffentlichkeit, das
früher uns so wichtig und bedeutend schien
jetzt abgestanden und aufgesetzt klingt
morgen schon alles längst wieder vergessen
was heute noch die Gemüter erregt hat
morgen schon ein neuer Skandal serviert

Die Menschen sind krank, vielleicht unheilbar
blind sind sie geworden, sehen nicht mehr
die Ungerechtigkeit, die Verlogenheit, den Dreck
der unsere Erde vor die Hunde gehen lässt
taub sind sie geworden, hören nicht mehr
die Schreie der Gepeinigten, der Verlorenen
das laute Stöhnen unserer aller Mutter

Die Menschen sind krank, es ist zu spät
stumm sind sie geworden, reden nicht mehr
diskutieren, protestieren, wehren sich nicht
gegen all die Sinnlosigkeit unserer Welt
leer sind sie geworden, gleich einer Hülle
die auf Knopfdruck funktionieren muss und
keine eigenen Gedanken mehr haben will

New Orleans – Der Sturm ist vorbei

Der Sturm ist vorbei, das Wasser
steigt noch immer, noch immer
ist keine Hilfe zu sehen, niemand
kümmert sich, nur die Plünderer
befreien Geschäfte von ihrer Last
nur Vergewaltiger kümmern sich
um die Menschen, die Frauen
ziehen durch die zerstörte Stadt
gleich einem zweiten Sturm bringen
sie Tod, Elend, Verderben; Hilfe
ist nicht in Sicht, leere Straßen
frei, geräumt, in Richtung Sicherheit
doch voller wartender Menschen, die
ohne Wasser, schwitzend, krank
alt, schwanger, hungernd warten
vergeblich warten, niemand kommt
einer redet, verspricht, stotternd
wie betrunken, klingen seine Worte
und hohl, seine Arme schwingen
unkontrolliert, theatralisch, Situation
voll im Griff will er der Welt zeigen
in einer Stadt, die keine Gesetze
mehr hat, jetzt dürfen Plünderer
ohne Warnung erschossen, warum

kommt er erst nach fünf Tagen, lässt
Leichen suchen, wo keine sind, lässt
nur ausgewählte Reporter, die anderen
dürfen nicht zuhören, abgeschoben
er duldet keine freie Meinung, hat
die wichtigen Positionen fest im Griff
nur nicht diese Stadt, wasserversunken
lässt er sie im Stich, keine Hilfe für
die farbigen Menschen, ohne Geld
hat der Mensch keinen Wert in diesem
in Gottes eigenem Land, einer spricht
er scheint nicht bei Sinnen, betrunken
doch er spricht mit Gott und vergisst
die Menschen, die ihn auch gewählt

Afrika vielleicht, auch Asien, nein
doch nicht, selbst in der einen Sekunde
der großen Welle hielten alle zusammen
war Krieg vergessen und Feindschaft
half der eine Feind dem anderen
in den Stunden der Hoffnungslosigkeit
Asien also nicht, doch Amerika zerfällt
der Herrscher der Welt beweist uns
seine eigene Hilflosigkeit, Unfähigkeit
seinem eigenen Volk zu helfen, Irak
war das Böse, der Sturm ist das Böse
er selber ist das Böse, dort steht er

leicht vornüber mit dümmlichem Gesicht
lässt er sein Volk im Stich, den Medien
eine Show und zwei Straßen weiter
ertrinkt wieder ein Mensch, verliert
eine Familie den Vater, die Mutter
sehen Eltern hilflos die Kinder sterben
hilflos, denn sie kommt nicht, die Hilfe
seit fünf Tagen kein Wasser, kein Essen
für die Kranken nichts, die Alten sind
sowieso entbehrlich, die Schwarzen
wer will die denn schon, Plünderer
dürfen jetzt ohne Warnung und sofort
auch der, der seinen kranken Kindern
nur helfen will ist ein Krimineller, doch
wer den Tod in ein anderes Land trägt
ist ein Held, in diesem Land, das vor
den Augen der ganzen Welt zerfällt
wie gesagt, nicht Afrika, nein, es ist
Gottes eigenes Land, mit dem Mann
an seiner Spitze, mit dem doch nichts
mehr schief gehen kann, denn er ist
der Mann, der mit Gott spricht!

Vorweihnacht

Wohin des Wegs
in dieser kalten, einsamen Zeit
wer sieht dich denn schon noch
wer achtet überhaupt auf dich
ja, wer bemerkt dich denn noch?

Wohin des Wegs
in dieser kalten, einsamen Zeit
etwas Wärme finden im Herz
etwas Zuneigung, Mitgefühl
das suchst du hier vergebens!

Wohin des Wegs
in dieser kalten, einsamen Zeit
ein Lächeln auf den Lippen
eine Geste der Freundschaft
doch nicht hier in dieser Welt

Wohin des Wegs
in dieser kalten, einsamen Zeit
den Menschen etwas lehren ...
den Menschen eine Hoffnung ...
seit 2006 Jahren schon vergeblich

(Tine – und alle Liebe gehört dir) Danke für das Bild, Tobias

Liebe – Und immer wieder du

Jetzt wird es schwierig: Gedichte an und für die eine Person zu schreiben, die man liebt, die einem alles im Leben bedeutet, ist gefährlich!
Meistens fehlen ja sowieso die richtigen, die passenden Worte, dieses Gefühl zu beschreiben, und wenn es dann doch mal klappt mit dem Liebesgedicht, bin ich hinterher selten zufrieden mit dem, was auf dem Papier ausdrücken soll, wie ich mich fühle, was ich tief in mir empfinde!

Liebe ist eigentlich nicht zu beschreiben, es sind dafür die passenden Worte noch gar nicht erfunden, für das, was in meinem Herzen drin-steckt und doch immer wieder raus muss, ja, raus und dann eben aufs Papier, hinein in die Unzu-länglichkeit.

Jetzt wird es schwierig ... und doch: Hier sind einige der Gedichte für die eine Frau, die mir alles bedeutet!

In der Weite meines Herzens

In der Weite meines Herzen
ist für euch immer Platz
ganz gleich, wie ernst ich schaue
ganz gleich, wie es mir geht
in der Weite meines Herzens
ist für euch immer Platz

In der Tiefe meiner Seele
denke ich immer nur an euch
egal, was ich gerade mache
egal, was auf mich noch wartet
in der Tiefe meiner Seele
ist für euch alle Platz

In der Wärme meiner Gedanken
steht ihr ganz weit vorn
und ob ich euch dann sehe
und ob ich fern von euch bin
in der Wärme meiner Gedanken
ist für euch drei ein Platz

In der Mitte meines Lebens
gibt es euch nur ganz allein
ich brauche Geborgenheit von euch
und ich brauche all eure Liebe
in der Mitte meines Lebens
gelten nur wir vier

Mit dir

Du bist mein Fels in der Brandung
mein Halt im größten Sturm
meine Burg in den Momenten
wenn die Welt als Feind
draußen vor dem Tor steht

Du bist mein Fels in der Brandung
meine eiserne Rüstung
mein Schutz in den Tagen
wenn ich an den Menschen
wieder verzweifeln will

Du bist mein Fels in der Brandung
mein Steuermann im Meer
führst uns mit sicherer Hand
wenn auf dem Lebensmeer
der Orkan wieder peitscht

Du bist mein Fels in der Brandung
mein Halt im größten Sturm
gehalten von deiner Liebe
bestehe ich dieses Leben
mit dir an meiner Seite

Danke für den Tag

Die Bilder des Malers zu sehen
die Worte des Dichters zu lesen
für Minuten ihm nahe zu sein
war ein schöner Mittagstraum

Mit dir die Farben zu genießen
die Gedanken leise zu erfühlen
für kurze Zeit in der anderen Welt
waren so glückliche Momente

Die Röte der Sonne zu erleben
die Poesie des Sonnenunterganges
mit dir gemeinsam zu teilen
war am Ende kaum ein Zufall

Du gibst mir all die Kraft

Manchmal ist Leben nicht ganz leicht
es gibt Momente, in denen aufgeben
plötzlich beste Lösung zu sein scheint
manchmal macht Leben keine Freude
es gibt Tage, in denen die Farbe Grau
alle anderen Farben übertünchen kann

Doch dann komme ich zu dir
und alles wird ganz anders
du nimmst mich in den Arm
und gibst mir neuen Halt
du hältst mich, drückst mich
und alles wird wieder bunt

Manchmal fehlt meinem Leben der Mut
die nächsten Schritte neu zu beginnen
eine neue Aufgabe endlich anzufangen
manchmal ist das Leben viel zu schwer
in dieser Welt, in der Hass und Kälte
alle Gefühle langsam ersticken wollen

Doch dann stehst du vor mir
und siehst mir in die Augen
du nimmst mein Hand in deine
und drückst sie voll Lebenskraft
du hältst mein Leben mit mir
und gibst mir all die Kraft

Zwischen den Jahren

Zwischen den Jahren
ist es wieder einmal grau
wieder hängen Wolken tief
droht Dunkelheit am Horizont

doch in unserem Leben
scheint hell und warm ein Licht
leuchtet strahlend durch die Nacht
legt sich wie eine zweite Haut
schützend um unsere Liebe

Zwischen den Jahren
liegt vieles wie im Nebel
wieder sind Wege ungewiss
Ziele noch in weiter Ferne

doch in unserem Leben
lodert hell und heiß die Flamme
vertreibt unsere Liebe alle Not
verblasst die Sorge bedeutungslos
lieben und leben wir gemeinsam

Und wenn es besser wird
besser als du glaubst

hätte mir einer vor 11 Jahren
diesen Satz gesagt, ich hätte
mit Sicherheit gelacht

... und wenn es besser wird
ging doch damals gar nicht
war doch schon das Paradies
... besser als du glaubst
war mir eine Unmöglichkeit
war das Beste, Schönste für mich

Und es wurde besser noch
sicherlich nicht leichter, doch
besser, schöner, ehrlicher
besser, als ich es geglaubt
es wurde aus unserer Liebe
eine andere, neue, herrliche
immer wieder unbeschreibliche
Welt, die Welt, in der wir leben

Leben mit dir

Was bedeutet schon Zeit
in einer Zeit, in der niemand
Zeit für irgendjemand hat

Zeit ist etwas für Träumer
die noch Zeit sich nehmen
Zeit bemerken ... also für uns

11 Jahre ist eine lange Zeit
in einer Zeit, in der Beziehung
in Monaten nur gezählt wird

11 Jahre ist ein kurzer Anfang
kleiner zeitlicher Appetithappen
auf das, was noch kommen wird

„lang - kurz" verlieren Bedeutung
seit wir zwei zusammen sind
hat Zeit zwei gemeinsame Seiten

Sekunden, die dickflüssig ziehen
Stunden, die unglaublich rasen, und ...

... Leben mit dir, immer wieder neu

Immer wieder

Immer wieder etwas tiefer
auf der Motivationsleiter
ein klein wenig geht immer
obwohl die unterste Stufe
längst schon erreicht ist

Immer wieder etwas tiefer
dort hinein gesunken
in den Verzweiflungssumpf
und kein Zopf im Haar
um mich herauszuziehen

immer wieder etwas tiefer
auf die dunkle Seite hinüber
ein neuer Fleck schwarz
obwohl da längst schon
keine anderen Farben sind

Immer wieder schaffst du es
mir eine neue Leiter zu sein
mich wieder hinauf zu heben
ich stehe mit dir wieder oben
und kann die Sonne sehen

Immer wieder schaffst du es
mich im Genick zu packen
mir neuen Mut einzuflüstern
und durch den grauen Nebel
sehe ich den neuen Anfang

Immer wieder schaffst du es
Licht ins Dunkle zu bringen
eine neue Kerze anzuzünden
mich an die Hand zu nehmen
Leben mit dir ist einfach schön

Kälte und Hitze

Kälte lässt mich erschauern

auf dem morgendlichen Weg
zwischen herbstlichen Bäumen

bei den Gedanken an unsere Welt
die mehr und mehr in Scherben fällt

beim Blick in die Gesichter der Leute
die mir begegnen in der großen Stadt

Hitze wärmt mir das Herz

wenn ich die Farben des Herbstes sehe
und das Leben um mich riechen kann

bei jedem neuen Gedanken an die Kinder
denen mein Leben, mein Wirken gilt

mit jedem neuen Blick in deine Augen
jedem Versinken tief in unserer Liebe

Abend mit dir

Lärmend prasselt der Regen und kann doch
an diesem Abend uns nicht mehr ärgern
wir sitzen uns gegenüber, Cava perlt im Glas
argentinischer Tango, aufmerksamer Kellner
nimmt unsere Bestellung freundlich entgegen
berät höflich und empfiehlt einen roten Wein

Tief sehen wir uns heute Abend in die Augen
verliebt wie am ersten Tag fühlen wir uns wohl
hier im fernen Land, im vornehmen Restaurant
sprechen über vergangene Zeiten voll Liebe
genießen einander, vielleicht wie nie zuvor
empfinden wir die Tiefe unserer Gefühle

Die Gambas fangfrisch, der Raum füllt sich
der empfohlene Wein hält jedes Versprechen,
wir malen in rosa Farben uns unsere Zukunft
in der Gewissheit, manchen Fehler nie zu machen
sind wir glücklich und genießen das Leben
die Liebe, das Essen und ganz besonders uns

Spät in der Nacht wärmstens verabschiedet
laufen wir durch die Kälte hinunter zum Strand
staunen hinüber zum Schiff, hinaus zum Mond
einander im Arm, gemeinsam zum Horizont
und fahren heim zum Haus mit der Sicherheit
unsere Liebe noch fester verwurzelt zu wissen

Dich an meiner Seite

Wieder liegt die Welt in Scherben
gerade tritt wieder jemand nach
und am Ende noch eins obendrauf
Laune am Nullpunkt der Skala
die Kraft zum Anheben reicht
doch wer weiß wie lange noch

Und dann du, immer immer du
mit einem Wort, Lachen, Geste
genau im richtigen Moment
bevor alles zusammenschlägt
und ich in Schwarz ertrinke
stehst du neben mir, mit mir

Ziehst mich wieder raus
ignorierst mein Klagen, Jammern
stellst mich in die Sonne
ins Helle, tauchst mich in Liebe
badest mich in Zärtlichkeit
bis keine Dunkelheit mehr ist

Dich hier an meiner Seite
ist immer wieder ein Geschenk
wunscherfüllendes Juwel
gibst du mir ein neues Leben
strahlendes Glück, neuen Mut
mit deiner Liebe, mit dir

Wege gehen, in Liebe

mit dir, jetzt seit über elf Jahren
Wege, von denen ich vorher niemals
auch nur gewagt hatte zu träumen
schon allein deshalb, weil ich davon
überhaupt noch nichts gewusst hatte

Tage verbringen, in Liebe

und diesen einen schon das elfte Mal
Tage voller Glück und voller Erfüllung
dabei, sind die schweren und steinigen
voller Sorgen und so mancher Träne
genau die, die längst schon verblassen

Ein Leben leben, in Liebe

mit dir, wegen dir und immer mit euch
zu dir, die immer weiter wachsen kann
wo immer wir gerade jetzt auch sind
wo immer wir auch morgen sein werden
was immer unser Leben uns bringt

(Lukas am Strand in Husum)

Leben ist eine Kunst – Die Kunst, zu leben

... und wir alle sind die Künstler! Der eine mehr, die andere weniger, es ist wie mit jeder Kunst, doch jeder hat es selbst in der Hand, was er aus seinem Kunstwerk „Leben" macht, zu welcher Meisterschaft er es am Ende bringen kann.

Manch einer kann uns ein Vorbild sein, was es heißt – richtig - zu leben und ich bin glücklich, einen dieser Menschen meinen Lehrer nennen zu dürfen. Doch auch von meinen Kindern lerne ich viel von dieser besonderen Kunst, aus diesem Grund begleiten sie bildlich dieses Kapitel. Sie zu beobachten, ihren Gedanken nachzuspüren, zu versuchen, sie zu erraten, gibt einen tiefen Einblick in ihr eigenes persönliches Atelier, in dem sie die leuchtenden Farben der Fantasie für ihr Leben mischen.

Und natürlich ist es für mich selbst immer wieder lesenswert, wie ich, wie wir Lebensklippen bezwungen und umschifft haben, oder ... auch daran gescheitert sind.

Der lange Weg

Du gehst ihn seit Jahren, diesen Weg
in gelb und rot, unerschütterlich
in Wort und Tat ein einzigartiges Vorbild
trotz allen Leidens, aller Qualen und Gefahren
kannst du noch lauthals lachen
über deine eigenen Späße

Dein Weg liegt aufgezeichnet dir zu Füßen
eine Wahl hattest du dabei zu keiner Zeit
hättest vielleicht dein Leben gern anders
einfacher, einsamer, stiller und schweigender
und trotzdem suchst du die Welt
und lebst für deine Sache

Ich schätze mich glücklich, dich ein Stück
auf deinem Weg zu begleiten als dein Schüler
deine Gedanken zu prüfen, deinen Frieden
mit dir hinein in diese Welt zu tragen
doch fehlt mir deine Zuversicht
kann ich oft das Licht nicht sehen

Du gehst ihn seit Jahren, diesen Weg
in gelb und rot, unerschütterlich
nie sah ich etwas wie Verzweiflung
oder Hoffnungslosigkeit in deinem Blick
für diesen Mut bewundere ich dich und
für dieses Mitgefühl folge ich dir

gewidmet Seiner Heiligkeit, Tenzin Gyatso, dem 14. Dalai Lama

Ich will nicht aufgeben

Die Niederlage eingestehen
alle Zelte abzubrechen, zurück
an die sicheren bequemen Orte
zurück in die altbekannte Heimat
wohlvertraut, stinklangweilig?

Heißt aber auch aufgeben
Schluss und vorbei, das hier
war wohl nicht das Richtige
das richtige Land, richtiger Ort
doch so sehr getäuscht?

Heißt aber auch aufgeben
neue, schöne Freundschaften
neue, unbekannte Erlebnisse
Sommer für ein halbes Jahr
und warme Sonne im Winter

Die Steine im Weg schmerzen wieder
sind schwer nur wegzuräumen
aller Anfang ... vielleicht, wer weiß
wir werden sehen, entscheiden
eigentlich will ich nicht ... aufgeben

Schlaflose Nacht

Wieder unnötig wach gelegen
Kissen hin und her zerwühlt
ein dumpfes Gefühl im Kopf
breitet sich mehr und mehr aus
wird langsam, gleichsam grinsend
zum Versprechen eines Schmerzes
„ich bin schon wieder bei dir"
na dann: herzlich willkommen
Gedanken rasen, verselbstständigen
sich mit jeder neuen Minute
gleich einer Horde Vandalen
durch den klopfenden Schädel
immer die gleichen, unnötigen
nicht zu ändernden Gedanken
versauen wieder eine neue Nacht
die ganz anders laufen sollte
könnte heulen, was soll das
hundemüde und kein Schlaf
jetzt schon die zweite Nacht
kaum ein Auge zugemacht

Zwischen den Jahren, auf ein Neues

Zwischen den Jahren und auf ein Neues
ist es wieder an der Zeit, Rückblick zu halten
eine Bilanz zu ziehen, zu Gericht zu sitzen
was bleibt unter dem Strich denn übrig
was für ein Urteil wird es wohl geben

Zwischen den Jahren und auf ein Neues
steht hart und unbeugsam das Ergebnis
muss entschieden sein, ob es sich gelohnt
war die Zeit vergeudet, in den Sand gesetzt
war das Jahr am Ende noch erfolgreich

Ein Jahr neigt sich dem Ende nun entgegen
das hell und leuchtend uns begonnen hat
ein neuer Beginn, ein neues Leben winkte
ein fremdes Land lockte uns hin zu sich
freudig und bereitwillig gingen wir ans Werk

Übersahen anfangs noch die dunklen Wolken
und erwachten erst, als alles schon zu spät
wir standen da in unseren finstersten Stunden
sahen unser Leben vor uns in Scherben liegen
waren wir denn wirklich so blind gewesen?

Nichts blieb uns am Ende, als zu vergessen
und aus den Trümmern, die vor uns lagen
ein ganz neues, anderes Leben uns zu bauen
mit Tränen der Trauer und der Wut in den Augen
stellten wir uns der Aufgabe, doch so oft ohne
Mut

Übersahen wir wieder vieles, die ersten Strahlen
einer neuen Sonne, neue Freunde, Menschen
die in Gedanken bei uns waren, mit uns kämpften
Stück für Stück uns dabei halfen, eine neue Welt
ganz langsam ein neues Glück für uns zu schaffen

Jetzt ist es an der Zeit, die Augen weit zu öffnen
endlich wieder das Licht sehen, die Wärme spüren
hier stehen wir, das Leben geht weiter und
wir können sogar ein wenig wieder lächeln
ein wenig zufrieden, ein wenig glücklich sein

Danke dafür an all die Freunde, die Menschen
die mit Gedanken, mit Worten, mit Taten
in den schweren Stunden hier bei uns waren
die uns gehalten, gestützt und uns geholfen
als die Tage uns am dunkelsten waren

Danke am meisten aber doch an dich, die du
diesen Weg immer mit mir gemeinsam gehst
manchmal stolpernd, doch unerschütterlich
bist du hier an meiner Seite, fängst mich wieder
wenn ich einmal nicht mehr kann, nicht mehr will

Zwischen den Jahren und auf ein Neues
wäre die Bilanz unterm Strich die Katastrophe
wenn es dich an meiner Seite nicht gäbe
wenn du nicht ganz genau die Frau wärest
die diesem Leben immer wieder den Sinn gibt

Dir gehört all meine Liebe, die ich in mir habe
in diesem vergangenen Jahr wie im nächsten
will ich mit dir zusammen sein, will spüren
wie nach jedem neuen Lebenssturm wieder
durch dich die Sonne unserer Liebe neu ersteht

Ein Meer aus Scherben

In einem Meer aus Scherben
stirbt das letzte Stück Mensch
übrig bleibt nur noch ein Rausch
aus Bier und Zigarettendunst
aus Erbrochenem und Urin

In einem Meer aus Scherben
stirbt der letzte Rest Anstand
übrig bleiben nur noch Instinkte
voll triebhaftem Wahnsinn
voller tierhafter Primitivität

In einem Meer aus Scherben
wird die Menschheit vergessen
übrig bleibt nur noch Entsetzen
voll Unverständnis, Unglauben
über dieses Tier ... der Mensch

Köln – Hauptbahnhof

Menschen, Unmengen Menschen
Lärm, Durchsagen, Sirenengeheul
Faschingsmusik, wieder Menschen

Bewegung, alles ist in Bewegung
Rolltreppe, in die Läden, Bahnsteig
U-Bahn, S-Bahn, wieder Bewegung

Zeit, niemand hat hier noch Zeit
Hektik, Hast, keiner sieht sich um
schaut nach Kleinigkeiten, keine Zeit

Häuser, fensterbeglaste Häuser
Pflastersteine, über allem der Dom
Beton und Asphalt, wieder Häuser

Leben, alles lebt, soviel Leben
Kinder, Frauen, Männer leben hier
in Einsamkeit, Leere, wieder Leben

Zuversicht

Wie dieser Tag begonnen hat
voller Emotionen und Humor
voller Gefühle und mit Lachen

genauso soll er wieder enden
in Ruhe und Gemütlichkeit
in Frieden und in Zweisamkeit

ein Tag, wie lange keiner war
nichts besonderes, nur ein Tag
voller Hoffnung und Zuversicht

(Henrik am Strand in Castelldefels)

Der Weg geht weiter

Zeit nimmt uns mit
auf die eine, die letzte Reise, unbestechlich
liefert sie uns dort am fernen Ufer ab
Zeit lässt uns allein
und zieht weiter, zieht in die Ewigkeit

alleingelassen mit unserer Lebensrechnung
der großen Bilanz von Gut und Schlecht
alleingelassen mit unserem Gewissen
warten wir, warten

auf die Entscheidung, die gefällt wird
welchen Weg wir einschlagen dürfen
hinauf, hinunter, angstvoll, unwissend
warten wir, warten

Zeit nimmt uns mit
auf die neue Reise, in die neue Geburt
schickt uns in den ewigen Kreislauf
Zeit gibt uns Chancen
und alles beginnt erneut von vorn

Abend im Garten

Ruhe ist eingekehrt, drüben im Dorf
bellen die üblichen drei, vier Hunde
hoch über mir strahlt der halbe Mond
knapp darunter streifen Fledermäuse
um den blühenden Akazienbaum

Allein sitze ich im stillen Garten
sehe den Abendstern jetzt aufgehen
weit dort hinten überm roten Berg
während die Grillen ihr Lied beginnen
springt im Tal der erste Frosch hinzu

Diese Stunde der Abenddämmerung
wenn Tag endlich geht und die Nacht
auf leisen Flügeln ihr Tuch nun deckt
sie ist mir kostbar, entschädigt vieles
was Tag an Hindernissen hielt bereit

Frieden kann ganz sanft nun einkehren
in tiefen Zügen genieße ich diese Welt
die für lange Stunden ich vergessen
verdrängt, verloren und verlassen hatte
jetzt und hier gehört sie wieder mir

Lebenslauf

Entstehend
aus kleinem Rinnsal

herabstürzend
von hohem Felsen

hinziehend
zum großen Meer

zeigt das Wasser den Lebenslauf

geboren
aus der Mutter Schoß

leben
der Menschen Zeit

eingehen
in die Unendlichkeit

Wir sind Inseln

Wir sind Inseln
Inseln im Meer der Zeit
an welche neue Ufer
wird sie uns treiben
welches Zukunftsbuch
wird sie aufschlagen

Wir sind Bäume
Bäume im Wind der Zeit
doch wird uns dieser Wind
im rasenden Sturm entwurzeln
oder werden wir uns wiegen
in einer sanften Brise

Wir sind Bäche
Bäche im Strom der Zeit
wohin wir auch fließen
werden wir als Stromschnellen
oder langsam behäbig
dem Meer zuströmen?

Der Tag will sich dem Ende neigen

Der Tag will sich dem Ende neigen
der Schatten steigt den Hang hinauf
alle Sorgen werden nun bald ruhen
alle Trübsal soll jetzt schlafen
die grauen Gedanken verwehen leise
nur Müdigkeit bleibt bestehen

Der Tag will sich dem Ende neigen
er grüßt noch kurz die Nacht
die ihre Dunkelheit nun decken will
als ein mitleidig sanftes Tuch
über alle Traurigkeiten der Welt
über alle Traurigkeiten der Menschen

Manchmal liegt die Welt in Scherben

Manchmal liegt die Welt in Scherben
Trümmer, wohin auch du noch blickst
und du denkst, es geht nicht schlimmer

Doch dann, ganz schnell und unvermutet
kräftig, hart, mit voller Macht und Wucht
kommt ein Schlag noch obendrauf dazu

Und jetzt dann ... Ende der Fahnenstange
Schluss mit lustig, basta und aus, finito
aber hallo: Einer geht schließlich immer noch

Es geht nicht schlimmer ... aber klar doch
mit jedem neuen Tag ein neues Chaos
wieder ein Schock, neue Botschaft von Hiob

Die Schnauze voll ... interessiert niemand
„du willst nicht mehr" ist allen anderen egal
jedenfalls solange du noch auf den Beinen

Und wenn du dann liegst, ganz lapidar ...
„ja hätten wir das geahnt" – gut geheuchelt
ganz meisterlich, oft genug schon geübt

Manchmal liegt die Welt in Scherben
mach dir keine Gedanken, warte ab
ein klein wenig schlimmer ... geht immer

Das Leben ist ein Fluss

Das Leben ist ein Fluss
an der Quelle beginnend
klein und unbedeutend
von der Zukunft nichts ahnend

Das Leben ist ein Fluss
der leise plätschert über Steine
die ihm kein Hindernis
höchstens Umweg bedeuten

Das Leben ist ein Fluss
der wild braust über Schnellen
die seinen Lauf begrenzen
aber nie aufhalten können

Das Leben ist ein Fluss
der breit und mächtig zieht
über Felsen und Blöcke
ihrer nicht einmal achtend

Das Leben ist ein Fluss
der am Ende das Meer erreicht
sich selbst aufgebend
den Weg von vorn beginnt

Rückblick auf mein Leben

Vieles ist anders
als ich es mir vor langen Jahren
und in den Zeiten meiner Jugend
insgeheim erträumt hatte:

Die Welt liegt nicht mir zu Füßen
sondern mehr in Trümmern ringsum

Mein Leben ist kein schwankendes Schiff
sondern gleicht der blühenden Oase

Ich bin nicht der große Zampano geworden
sondern der, der mit den Kindern arbeitet

Die Erde ist nicht mein Spielball geworden
sondern mir ein strahlendes Wunder geblieben

Mein Leben steht nicht in jeder Zeitung
sondern gehört mir immer noch allein

Ich bin nicht der große Held geworden
sondern klein und ruhig und ... glücklich

Vieles ist anders
als ich es mir vor langen Jahren
und in den Zeiten meiner Jugend
insgeheim erträumt habe:

Und dieser eine Gedanke erfüllt mich mit
Dankbarkeit
denn ich habe mein Glück und meinen Frieden
gefunden
in der Liebe, im Leben, im Glauben mit euch dreien
hier
und nicht mit der ganzen Welt würde ich eine
Stunde
nicht auch nur eine Sekunde tauschen wollen!

So, es ist geschafft, der Mut ist aufgebraucht, die letzten Worte aufgeschrieben, manches ist nur so heraus geflossen aus mir, manches war doch mehr ein zäher Kampf, nichts desto trotz: Es ist geschafft, und ganz am Ende habe ich nur noch ein paar Hoffnungen:

... ich hoffe, es hat dir gefallen ...

... ich hoffe, diese Worte haben etwas berührt (vielleicht auch in dir) ...

... ich hoffe, diese Gedanken können helfen, andere Menschen glücklich zu machen ...

... ich hoffe, ich bekomme eine Resonanz ...

Danke, dass du dieses Buch gelesen hast!

Michael Schilling
Mail: Tine.Schilling@web.de
Internet: www.familie-schilling.ag.vu